BEI GRIN MACHT SICH IHR WISSEN BEZAHLT

- Wir veröffentlichen Ihre Hausarbeit,
  Bachelor- und Masterarbeit

- Ihr eigenes eBook und Buch -
  weltweit in allen wichtigen Shops

- Verdienen Sie an jedem Verkauf

Jetzt bei www.GRIN.com hochladen
und kostenlos publizieren

GRIN

Sportmarketing. SWOT-Analyse, Merchandising und Licensing, Digitalisierung, Sponsoring

Bibliografische Information der Deutschen Nationalbibliothek:

Die Deutsche Nationalbibliothek verzeichnet diese Publikation in der
Deutschen Nationalbibliografie; detaillierte bibliografische Daten sind
im Internet über http://dnb.d-nb.de abrufbar.

ISBN: 9783346652782
Dieses Buch ist auch als E-Book erhältlich.

Druck und Bindung: Books on Demand GmbH, Norderstedt Germany
Gedruckt auf säurefreiem Papier aus verantwortungsvollen Quellen

Das vorliegende Werk wurde sorgfältig erarbeitet. Dennoch
übernehmen Autoren und Verlag für die Richtigkeit von Angaben,
Hinweisen, Links und Ratschlägen sowie eventuelle Druckfehler keine
Haftung.

Das Buch bei GRIN: https://www.grin.com/document/1224044

Deutsche Hochschule für
Prävention und Gesundheitsmanagement
Hermann Neuberger Sportschule 3
66123 Saarbrücken

Einsendeaufgabe

Fachmodul:	Sportmarketing
Studiengang:	BA Sportökonomie
Semester:	**WS 19**

Inhaltsverzeichnis

1 SWOT-Analyse

Der Ist-Zustand eines Unternehmens wird mit Hilfe einer SWOT-Analyse untersucht. Bei dieser strategischen Analysemethode unterscheidet man zwischen internen und externen Einflussfaktoren und ist in drei Teilbereiche untergliedert, welche sich wie folgt darstellen lassen. Die Ressourcenanalyse ist die interne Analyse der jeweiligen Stärken (Strenghts) und Schwächen (Weaknesses). Hinzukommt die Analyse der Unternehmensumwelt, welche die externe Analyse mit Chancen (Opportuninites) und Risiken (Threats) beinhaltet. Anschließend wird eine SWOT-Matrix erstellt, welche alle Strategiekombinationen deutlich darstellt. Anhand des Fußballclubs TSG 1899 Hoffenheim werden die Teilanalysen der SWOT-Analyse durchgeführt.

1.1 Ressourcenanalyse (Stärken und Schwächen)

Tabelle 1: Übersicht interne Analyse (eigene Darstellung)

Stärken	Schwächen
Verschiedene Standorte der Leistungszentren	Finanzielle Abhängigkeit
Gute Kinder-/Jugendförderung	Fokus auf eine Sportart
Finanzielle Unterstützung	Wenig Verbundenheit der Mitglieder

Die TSG 1899 Hoffenheim besitzt viele verschiedene Standorte für die jeweiligen Leistungszentren. Hierbei ist jedes auf etwas anderes spezialisiert. Es beginnt bei einem Grundlagenzentrum, in welche sich die jüngsten Kinder befinden. Hier werden sie altersgerecht in sportlicher aber auch in sozialer Hinsicht gefördert. Des Weiteren gibt es noch eine Akademie-Arena, sowie ein Leistungszentrum, welches speziell für die Vorbereitung des Profisports ausgelegt ist. Somit hat der Verein die Möglichkeit, all seine jungen Mitglieder auf den Profisport vorzubereiten.

Eine weitere Stärke des Vereins bezieht sich auf den Leistungsumfang, welche sich auf die Jugendförderung bezieht. Es gibt einige Vorteile der Nachwuchsarbeit. Zum einen wer-den direkt Nachwuchstalente für den eigenen Verein herangezogen und bekommen die Ideologie und Werte der TSG 1899 Hoffenheim von klein auf mit und können so die sportliche Leistung des Vereins verbessern. Zum anderen darf in dieser Hinsicht der finanzielle Aspekt nicht vergessen werden, da man für gut ausgebildete Spieler eine hohe Ablösesumme von anderen Vereinen bekommt oder man sich diese für andere Spieler spart, wenn man seine Jugendspieler von klein aufhat und sie im Verein behält. Ein weiterer Nachweis der ausgezeichneten Nachwuchsarbeit ist die Zertifizierung durch den Deutschen Fußball Bund (DFB) sowie der Deutschen Fußball Liga (DFL), mit der Höchstwertung von drei Sternen für das Nachwuchsleistungszentrum der TSG 1899 Hoffenheim. In Zusammenarbeit mit den örtlichen Schulen in Sinsheim gilt das Zentrum seit Juli 2008 laut dem DFB als „Eliteschule des Fußballs" (TSG 1899 Hoffenheim Fußball-Spielbetriebs GmbH, 2019). Denn neben den sportlichen Leistungen, werden auch hier die schulische Ausbildung nicht hintenangestellt. Die Spieler sollen sowohl eine gute sportliche als auch eine schulische Ausbildung genießen.

Die dritte Stärke ist die Finanzkraft. Seit der Saison 1989/90 unterstützt Dietmar Hopp, Mitbegründer der Softwarefirma „SAP", den Verein finanziell. Bis 2015 investierte er 350 Millionen Euro in die TSG 1899 Hoffenheim Fußball-Spielbetrieb GmbH (Stuttgarter Zeitung, 2015). Zum einen floss das Geld in neue Spieler, aber vor allem wurde es für das nachhaltige Konzept des Vereins eingesetzt. Welches das Stadion, Geschäftsstelle, Trainingszentrum und Jugendakademie beinhaltet.

Sowie die finanzielle Unterstützung ein Segen für den Verein sein kann, kann sie zu gleich auch ein Fluch sein und eine finanzielle Abhängigkeit darstellen. Da Dietmar Hopp 96% des Vereins TSG 1899 Hoffenheim besitzt, hat er auch einen sehr großen Einfluss, auf die Entscheidungen innerhalb des Vereins. Somit ist die TSG 1899 Hoffenheim in ihren Entscheidungen nicht eigenständig, sondern stark abhängig von einer Person, was zu gewissen Konflikten führen kann.

Des Weiteren legt der Verein speziell ein Augenmerk nur auf eine Sportart. Den Fußball. Für einige ist in Deutschland Fußball zwar der „Volkssport Nummer 1", was auch wiederum durch die Mitglieder des DFB belegt wird. Der Verein ist mit knapp sieben Millionen Mitgliedern der größte Verein der Welt, allerdings wird hiermit nur ein einziges Marktsegment bedient (DFB, 2018). Der Fokus auf eine Sportart spiegelt sich auch im Leistungszentrum des Vereins wider. Hier geht es ausschließlich um die Ausbildung im Profi-Fußball und nicht um weitere, leistungsspezifische Sportarten.

Eine Schwäche der TSG 1899 Hoffenheim ist die fehlende Verbundenheit der Mitglieder und Fans zum Sportverein. Der Verein erzielte 2008 einen rasanten sportlichen Erfolg und stieg in diesem Jahr in die erste Fußball-Bundesliga auf. Da dies aber so schnell geschah, konnte der Verein keine wirklich treuen Fans generieren und wurde so auch nicht zu einer sehr bekannten Marke. Die fehlende Fantreue ist aber auch dem geschuldet, dass der Verein auf keine lange Fußballgeschichte zurückblicken kann und so zuvor schon nicht allzu viele Fans hatte und vor der Einführung in die Bundeliga ein nichtssagender Verein war. Zudem Des besitzt der Verein lediglich 10.425 Mitglieder (Stand Oktober 2019), so dass im Vergleich der Mitgliederzahlen mit anderen Fußballvereinen nur Platz 16 erreicht wird (Transfermarkt, 2019). Deshalb ist der TSG 1899 Hoffenheim kein Traditionsverein.

1.2 Analyse der Unternehmensumwelt (Chancen und Risiken)

Tabelle 2: Chancen und Risiken der Unternehmensumwelt (eigene Darstellung)

Chancen	Risiken
Sportlicher Erfolg steht im Vordergrund	Stärkere Konkurrenz durch Kommerzialisierung; Tradition nicht mehr so wichtig
Einnahmen steigen durch Spielertransfer, Werbung, Sportwetten und TV Geldern	Erwartungen der Fans an die Spieler steigen
Freizeit gewinnt mehr an Bedeutung	Sport rutscht in den Hintergrund

Mithilfe der Analyse der externen Faktoren des Vereins, welche die Chancen und Risiken widerspiegelt, sollen zukünftige Entwicklungen vorauszuahnen sein, sowie die Planung rechtzeitig umzustellen sein. Schon seit einiger Zeit steht beim Profifußball nicht mehr die Tradition im Vordergrund, sondern viel mehr der sportliche Erfolg und die daraus resultierenden positiven Effekte der Finanzen. Spielt ein Verein gut, kann er sich beispielsweise für verschiedene internationale Ligen platzieren. Schneidet man bei diesen Turnieren gut hab, ist eine hohe Geldsumme garantiert. Die setzt der Verein dann für neue Spieler, größeres Stadion oder die Bezahlung der Mitarbeiter, da es kaum noch ehrenamtliche Mitarbeiter gibt, ein. Somit hat der Verein ein wirtschaftliches Denken und gleicht einem Unternehmen.

Als weitere Chance sind die steigenden Einnahmen durch Spielertransfer, Sportwetten, Werbung und TV Geldern zu nennen. Insbesondere in der Premiere League werden hohe Beträge erwirtschaftet. Allein in der Saison 2018/19 war es ein Umsatz von 5,9 Milliarden Euro in der englischen Liga (Kicker, 2020). Dies steht im vor allem im Zusammenhang mit den hohen Ablösesummen, welche sie für ihre Profispieler bekommen. Besitzt ein

Verein ein sogenanntes „Eigengewächs", also einen jungen Spieler, welchen der Verein selbst ausgebildet hat, kann ein zusätzliches Einnahmeplus generiert werden, da dieser Spieler nicht gekauft wurde, sondern lediglich in den eigenen Fußballschulen ausgebildet wurde.

Für die meisten Menschen gewinnt die Freizeit immer mehr an Bedeutung. Nicht nur das Haben ist ihnen wichtig, sondern auch das, was sie erleben und erlebt haben. Hierzu zählen auch die sportlichen Aktivitäten. Hat man in seinem Alltag mehr Zeit, bleibt auch mehr Zeit sich sportlich zu betätigen und Mitglied in einem Verein zu werden. Es geht nicht nur in erster Linie um den Sport, den man selbst macht, sondern auch um die gesellschaftlichen Aspekte. Egal ob man sich vor oder nach dem Sport noch mit den anderen Teilnehmern trifft oder sich zum Zuschauen eines Spieles verabredet.

Den Chance stehen allerdings auch Risiken gegenüber. Da es nicht mehr rein um den sportlichen Aspekt und den Spaß geht, sondern viel mehr um Geld und Erfolg und somit die eigene Tradition verloren geht, ist es schwierig, die Fans für sich fest zu gewinnen. Dies spielt auch bei der TSG 1899 Hoffenheim eine große Rolle. Der Fußballverein ist erst seit kürzerer Zeit in der Bundesliga und erzielte zuvor kaum Erfolge. Auch die Anzahl der Fans stieg erst mit dem Erfolg. Das ist allerdings gefährlich, da diese Fans nicht gefestigt sind und bei einem sportlichen Einbruch, den Verein auch schnell wieder verlassen könnten und somit keine Unterstützung wären. Das führt auch direkt zu einem weiteren Risiko, dass die Erwartungen der Fans immer weiter steigen. Jeder möchte ausschließlich Erfolg sehen, positive Emotionen verspüren und spektakuläre Tore sehen. Gelingt einem Verein nicht, dies seinen Fans und Mitgliedern zu bieten, haben diese eine große Auswahl an anderen Vereinen im nahen Umkreis. Allein bei der TSG 1899 Hoffenheim liegen einige weitere bekannte Fußballvereine im Umkreis. Hier findet man beispielsweise Stuttgart und Karlsruhe, welche nicht allzu weit entfernt sind.

Vielen Fans geht es bei einem Stadionbesucht nicht mehr um das alleinige Fußballspiel und dem Können der Spieler, sondern viel mehr um die gute Stimmung im Stadion. Bleibt allerdings der sportliche Erfolg aus, so bleibt auch die gute Stimmung auf der Strecke, was wiederum heißt, dass sich einige Fans andere Vereine suchen könnten, in denen die Stimmung garantiert ist.

1.3 Erstellung der SWOT-Matrix

Tabelle 3: SWOT-Matrix (eigene Darstellung)

SWOT-Matrix	Chancen (Opportunities)	Risiken (Threats)
Stärken (Strenghts)	S-O-Strategien: 1. Durch die finanzielle Unterstützung von Dietmar Hopp und weiterer Dritten hat die TSG 1899 Hoffenheim weiterhin die Möglichkeit, ihre Vereinsstrukturen auf dem aktuellen Level zu halten. Somit kann der Verein konkurrenzfähig bleiben und sportliche Erfolge erzielen. 2. Aufgrund der Kommerzialisierung in den kommenden Jahren, müssen weiterhin Millionenbeträge für Spieler ausgegeben werden. Durch die eigene Spielerausbildung, wie sie TSG 1899 Hoffenheim hat, können zusätzlich noch weitere Einnahmen generiert werden.	S-T-Strategien: 1. Frühzeitig erhalten die gut ausgebildeten Spieler des Vereins Verträge mit langen Laufzeiten, um diese an den Verein zu binden bzw. höhere Ablösesummen gegenüber Konkurrenzvereinen fordern zu können. 2. Durch den weiteren Ausbau der Ausbildungsstätten sollen Nachwuchsspieler aus dem In- und Ausland herangezogen werden um ein noch besseres Spielerniveau erstellen zu können. So werden dem Verein gute Spieler gesichert.

Schwächen (Weaknesses)	1. Um weiterhin Mitglieder und Fans zu erhalten und zu generieren, sollen verschiedene Familienaktionen gestartet werden. Es soll einen Familientag geben, an dem es für die ganze Familie Ermäßigungen gibt. Somit sollen die Vereinsmitglieder steigen. 2. Aufgrund der Zunahme der Digitalisierung steigt der Bezug zur TSG 1899 Hoffenheim, da schon die Jugendmannschaften sich dort präsentieren können und die Aufmerksamkeit auf sich ziehen	1. Es sollen neue Sponsoren generiert werden, um weiterhin konkurrenzfähig bleiben zu können, wenn Dietmar Hopp, aufgrund seines Alters, aussteigen sollte. Im besten Fall sollen hier Sponsoren aus der Region herangezogen werden. Auch um Sponsor und Fans näher aneinander zu bringen. 2. Es wird Mitgliederbindungsmaßnahmen geben, wie zum Beispiel verschiedene Aktionen und Events bei Heimspielen, damit auch die Fans bei Misserfolg dem Verein treu bleiben.

2 Merchandising und Licensing

Im Folgenden wird für einen Volleyballverein ein Merchandisingkonzept, anlässlich dem 30-jährigen Jubiläums, entwickelt.

2.1 Wer

Der Verein, welcher mit zwei Profimannschaften und sechs Amateurmannschaften aktiv ist, möchte zu seinem Vereinsjubiläum verschiedene Merchandisingprodukte für seine Mitglieder auf den Markt bringen. Da der Verein sehr überschaubar ist und sehr familiär und somit auch die vergangenen Vereinsfeste und Wettkämpfe von Mitgliedern und Ehrenamtliche Helfer durchgeführt wurde und hierbei immer gelungene Werke entstanden, wird auch das geplante Merchandising in Eigenregie durchgeführt. Bei der Wahl des Geschäftsmodells handelt es sich um die klassische Form des Merchandisings, wobei der Fokus hierbei auf den Vertrieb von Klubeigenen Wegen gelegt wird. Bei diesem Modell wird alles in Eigenhand des Vereins erledigt und ist hierbei wieder auf die Hilfe der Mitglieder bzw. Ehrenamtlichen Helfer angewiesen.

2.2 Was

Tabelle 4: Produktsortiment anlässlich des Jubiläums (eigene Darstellung)

Produkt	Beschreibung	Preis	Planungsbezug	Architektur
Vereinstrikot „Volleyball"	Hochwertiges Trikot aus atmungsaktivem Stoff; Design symbolisiert das erste Vereinstrikot vor 30 Jahren; Logo und Brusttasche auf der linken Brustseite; mit Nummer und Name personalisierbar In Kinder-/Erwachsenengrößen verfügbar	29,99€	Primärer Bezug zum Spielgeschehen, Aktionsspezifische Planung	Kernsortiment: sowohl beim Spiel/Sport als auch in der Freizeit tragbar
Vereins-Volleyball	Spielball aus echtem Leder; in den Vereinsfarben inkl. Logo	19,99€	Primärer Bezug zum Spielgeschehen; Saisonunabhängige Planung	Kernsortiment
Vereins-Cap	Größenverstellbare Cap in Vereinsfarben und mit Jubiläumslogo in der Mitte	12,99€	Primärer Bezug zum Stadiongeschehen; Aktionsspezifische Planung	Kernsortiment
Vereins-Handtuch	Großes Duschhandtuch aus 100% Baumwolle in den Vereinsfarben; personalisierbar	14,99€	Primärer Bezug zum Alltag der Fans; Saisonunabhängige Planung	Randsortiment

Tabelle 4: Fortsetzung Produktsortiment anlässlich des Jubiläums (eigene Darstellung)

Trinkflasche	Plastiktrinkfalsche für den Sport (BPA frei); mit Vereinslogo	9,99€	Primärer Bezug zum Alltag der Fans; Saisonunabhängige Planung	Zusatzsortiment
Kaffeetasse	Tasse aus Porzellan; Mit Jubiläumslogo und personalisierbar	9,99€	Primärer Bezug zum Alltag der Fans; Aktionsspezifische Planung	Randsortiment

2.3 Wem

Da sich der Verein selbst als sportlich, freundlich und familiär beschreibt, sind alle Vereinsartikel auf alle Mitglieder ausgelegt. Sowohl Kinder als auch Erwachsene können sich an den Fanartikeln erfreuen. Unabhängig ob noch aktiver Spieler, Senior oder ausschließlich Fan des Volleyballvereins, jede Person kann grundsätzlich etwas mit diesen Artikeln im Alltag oder im Sportgeschehen anfangen.

2.4 Bedingungen

Für die Preisbildung wird hier die Abschöpfungspreispolitik ausgewählt, welche eine von den vier zur Auswahl stehenden preispolitischen Strategie darstellt (Rohlmann, 2011, S. 254). Diese Strategie wird häufig dann ausgewählt, wenn man sich noch in der Einführungsphase von Merchandisingprodukten befindet. Es werden hohe Preise angestrebt, da es sich bei den Produkten um extra für das Jubiläum angefertigte Produkte handelt und diese einen einmaligen Charakter vermitteln sollen.

2.5 Kanäle

Der Vertrieb von den Fanartikeln läuft ausschließlich über den Verein selbst. Man hat die Möglichkeit die Artikel bei den verschiedenen Vereinsfesten oder den Spielen der Mannschaften zu kaufen. Zudem stehen die Artikel dauerhaft in der Vereinseigenen Gastronomie zum Kauf aus. Hier stehen sie gut sichtbar in einer Vitrine im Eingangsbereich. Für alle, die an keinen dieser Veranstaltungen teilnehmen können oder nicht ortsnah wohnen, für diese Personen besteht auch die Möglichkeit, alle Fanartikel über die Homepage des Vereins zu erwerben. Somit werden verschiedene Wege des Absatzmarktes genutzt.

2.6 Begleitmaßnahmen

Damit die Jubiläumsfeier ein voller Erfolg wird und der Verkauf von den Merchandise Artikel ein voller Erfolg wird, wird schon in einem längeren Zeitraum vorab die Feier beworben. Das geschieht zum einen durch die Bekanntgabe über das Vereinsmagazin, welches monatlich an die Mitglieder verschickt wird. Hier wird mit Bild und Text direkt auf den ersten Seiten die Jubiläumsfeier beworben. Zudem gibt es zusätzlich Flyer, mit dem Angebot von 20% auf den Kauf von Merchandising Artikeln. Diese Flyer sind frei einsetzbar und nicht davon abhängig, ob man Fan, Mitglied oder einfach nur Besucher der Feier ist. Ebenfalls wird auch über sämtlichen Social-Media-Kanälen, wie Facebook und Instagram, über das Jubiläum informiert. Hier bekommt man die Profimannschaft schon vor ab in den entsprechenden Jubiläums-Trikots zu sehen und machen so darauf aufmerksam. Dies sollen die Mitglieder und Fans zum Kauf anregen. Als weitere Aktion vor Ort, werden verschiedene Ballspiele angeboten, bei welchen man eine bestimmte Punktzahl erreichen muss, damit man weitere Aktionsflyer erhält.

Alle Prozente sind auch nachträglich noch bis zu vier Wochen einlösbar, damit auch die Personen die Möglichkeit haben, Fanartikel zu kaufen, welche an dem Tag der Jubiläumsfeier verhindert sind.

2.7 Zeitraum

Die Bewerbung der Aktion startet mit drei Ausgaben des Vereinsmagazin, vor Beginn der Jubiläumsfeier. Die speziellen Jubiläumsartikel sind ausschließlich in dieser Saison verfügbar. Alle anderen Artikel, welche saisonunabhängig sind, können zu jedem Zeitpunkt über die verschiedenen Wege, wie in 2.5 beschrieben, erworben werden. Alle übrigen saisonabhängigen Artikel werden am letzten Spieltag der Männermannschaft an die Fans und Mitglieder verkauft. Ziel dieser Aktion ist es, über einen langen Zeitraum den Kontakt und die Kommunikation zu den Mitgliedern und Fans aufzubauen und neue anzuwerben, um erfolgreiches Sportmarketing betreiben zu können (Hartwig, 2004).

3   Digitalisierung

Als Mitarbeiter einer Full-Service-Agentur ist man im Bereich Marketing und Werbung tätig. Im Folgenden werden die Erstellung und Verarbeitung einer App, für einen jugendorientierten Verein, detailliert beschrieben.

3.1   Allgemeine Angaben zum Verein

Tabelle 5: Darstellung des Vereins (eigene Darstellung)

Vereinstyp	Jugendorientierter Breitensportverein
Vereinsangebot	Fitnesskurse, Ballsportarten, Functional Training, Tanz
Mitgliederanzahl	2.588
Anzahl bezahlter Mitarbeiter	10
Anzahl ehrenamtlicher Mitarbeiter	35

3.2   Zielgruppe der App

In erster Linie ist die App auf die Vereinsmitglieder abgestimmt worden. Die Mitglieder sollen eine vereinfachte und vor allem schnelle Möglichkeit haben, sich für die jeweiligen Sportangebote anmelden zu können. Zudem finden sie jegliche neue Informationen, welche für die Mitglieder des Vereins wichtig sind. Des Weiteren ist die App auch auf die Mitarbeiter des Vereins ausgerichtet. Durch die App sollen sie eine vereinfachtet Kommunikation untereinander haben, aber auch die Kommunikation zu den Mitgliedern und ehrenamtlichen Personal soll sich hierdurch einfacher gestalten lassen. Grundsätzlich möchte der Verein sein Image durch Digitalisierung und Modernisierung steigern und so attraktiver für die jungen Vereinsmitglieder bleiben.

3.3 Funktion und Nutzen der App

Tabelle 6: Funktionen der App (eigene Darstellung)

Themen	Mehrwert für die Kunden	Mehrwert für den User
Vereinsinformationen	Schnelle, einfache und allgemeine Informationsweitergabe an die Mitglieder	Durch die Informationen immer auf dem aktuellen Stand; jederzeit abrufbar
Vertretungsmanagement	Einfache interne Kommunikation/Vertretungssuche → Bekanntgabe, falls Kurs ausfällt	Informiert Mitglieder über Stundenausfall, -verschiebung oder Trainerwechsel
Buchungsportal	Fertige Teilnehmerlisten der Kurse; Keine Überbuchung möglich (Teilnehmerzahl	Schnelle und einfache Anmeldung für einzelne Kurse/Stunden; Überblick über gebuchte Termine
Kommunikationsplattform	Vereinfacht vereinsinterne Kommunikation	Mitglieder können einfach mit Hauptamtlichen/ehrenamtlichen Personal in Kontakt treten

3.4 Chancen und Risiken

Die Einführung der App in das Vereinsgeschehen bringt sowohl Chancen als auch Risiken mit sich. Einige Arbeitsabläufe können mit der App vereinfacht werden und unterstützen so die hauptamtlichen Mitarbeiter des Vereins. Beispielsweise läuft die Bekanntgabe von Vereinsinformationen über die App deutlich leichter und müssen nicht mehr mit Hilfe eines Emails Verteiler verschickt werden. Hierdurch haben alle Mitglieder den Zugriff auf dieselben aktuellen Informationen und stärkt das Zugehörigkeitsgefühl. Zudem werden die Buchung und Verwaltung der Fitnesskurse und Sportstunden für Mitglieder und Verein deutlich leichter. Als Mitglied kann man sich per Klick in die entsprechende Stunde eintragen, der Verein gelangt somit direkt an die Teilnehmerdaten der jeweiligen Sportstunden. Die Anmeldung war zuvor nur per Telefon möglich. Den Chancen stehen allerdings auch einige Risiken gegenüber. Hierzu zählen das Beachten der Datenschutz Richtlinien. Jedes Mitglied trägt vorab seine Daten inklusive Zahlungsmethode in die App ein und gibt somit seine Daten preis. Hier hat der Verein die Verantwortung die

Daten dementsprechend zu sichern, damit nur vereinsinternes Personal Zugriff auf die Personendaten hat. Als weiteres Risiko ist zu erwähnen, dass älteren Mitgliedern das Nutzen der App womöglich schwerer fällt als den jüngeren. Einige der Senioren besitzen kein Smartphone, auf dem man die App installieren könnte. Diese müssten weiterhin ihre Kurse per Telefon buchen und die Informationen per E-Mail oder Aushang erhalten. Das kann die Mitglieder allerdings in zwei Gruppen spalten.

3.5 Vermarktung der App

Die App kann jeder Smartphone Nutzer im App Store oder im Google Playstore kostenlos herunterladen und auf seinem Handy installieren.

Jedes Mitglied bekommt eine E-Mail mit sämtlichen Informationen über die Einführung der neuen App. Als Anhang finden die Vereinsmitglieder hier eine Erklärung zur Nutzung der App und direkt einen Link zum Download der App.

Auch auf dem vereinseigenen Instagramaccount wird die App beworben und per Video der Nutzen dargestellt. Verschiedene Spieler aus den Herrenmannschaften der Ballsportarten stellen nach und nach die Features der App vor. Ebenfalls finden die Interessenten der App auch in dem Erklärungsvideo einen Link zum Download und zusätzlich einen QR-Code, der direkt in den App Store bzw. Google Playstore führt.

Bei den nächsten Heimspielen der verschiedenen Mannschaften des Vereins gibt es einen Infostand, an dem Personal des Sportvereins den Mitgliedern persönlich beim Einrichten der App helfen möchte. Hier sollen vor allem die angesprochen werden, welche sich mit dem Umgang von Smartphone und App etwas schwertun. Zudem soll hier nochmal die App beworben werden und über den sinnvollen Nutzen informiert werden. Diese Vermarkungsstrategie soll genau die Mitglieder ansprechen, welche zuvor noch etwas skeptisch waren und keinen wirklichen Nutzen darin gesehen haben. Die Wahrscheinlichkeit, dass 80% der 2.588 Mitgliedern nutzen, ist sehr hoch, da sie auf den verschiedensten Informationswegen auf die App angesprochen wurden und somit an die Installation der App erinnert wurden. Somit würden in etwa 2.070 Mitglieder die App aktiv nutzen und dem Verein dazu beitragen, einige Arbeitsabläufe schneller und einfacher zu gestalten.

4   Sponsoring

Das Wirtschaftsunternehmen, welches sich am Sponsorship des Laufevents beteiligen möchte, ist ein Multi-Channel Unternehmen. Es ist bereits ein etabliertes Unternehmen, welches sich auf Lauf- und Outdoor-Ausstattung sowie auf perfekte Anpassung von Schuhen, in jeglicher Art, spezialisiert hat. Mit seinen 8 Filialen, verteilt in ganz Bayern, hat es sich bereits einen Namen in der Sportbranche gemacht.

Tabelle 7: Charakterisierung fiktives Unternehmen (eigene Darstellung)

Produkt/Produktpalette	Laufbekleidung; Outdoor-Ausstattung; persönlich angepasste Schuhe inkl. Laufanalyse
Zielgruppe	Ausdauersportler; Outdoor begeisterte Personen; gesundheitsbewusste Personen; Sportvereine
Distributionskanäle	8 Filialen; Online-Shop; Stand an Sportveranstaltungen
Bisherige Kommunikationskanäle	Zeitungsanzeigen; Plakatwerbung; Social-Media

Das Unternehmen ist auf jede Altersklasse und jedes Sportniveaus im Lauf- und Outdoorbereich ausgerichtet. Der meistgenutzte Absatzweg, ist der Vertrieb über einen der acht Filialen. Die Kunden erhalten hier eine riesige Auswahl an Bekleidung, Schuhen und Ausrüstung und zudem eine fachgerechte Beratung. Aber auch der Online-Shop weist seine Umsätze auf, ebenfalls der Verkauf an Ständen, bei verschiedenen Sportevents. Das Unternehmen legt nicht nur bei den Absatzwegen auf den klassischen Weg wert, sondern auch bei den Kommunikationsinstrumenten werden eher die traditionellen Wege bevorzug. Die meiste Werbung wird über verschiedene Zeitungsanzeigen in der örtlichen Tageszeitung erzielt. Dazu kommt die Plakatwerbung an verkehrsreichen Straßen, entsprechend der jeweiligen Stadt und weitere Werbung auf Social Media wie Instagram oder Facebook. Um den Bekanntheitsgrad des Unternehmens weiterhin zu steigern, ist die Teilnahme durch Sponsorships an bekannten Laufevents unabdingbar.

4.1 Sponsoringprozess aus Unternehmenssicht

Tabelle 8: Zielvorgaben des Sponsorings (eigene Darstellung)

	Ebene	Konkrete Formulierung
Psychologische Zielgrößen	Affektives Ziel	Das Interesse der Kunden beibehalten und steigern, durch gemeinschaftliche Aktionen (z.b. Laufanalyse)
Psychologische Zielgrößen	Kognitives Ziel	Den Bekanntheitsgrad steigern, durch präsent sein bei verschiedenen Sportevents

Tabelle 9: Schnittmengenanalyse der Zielgruppe (eigene Darstellung)

Merkmale der Zielgruppe des Unternehmens	Schnittmenge	Merkmale der Zielgruppe des Laufevents
1. alle Geschlechter 2. alle Altersklassen 3. sportlich interessiert; teilweise sehr sportlich 4. aus der Region	1. alle Geschlechter 2. alle Altersklassen 3. sportaffin 4. Weitestgehend aus der näheren Umgebung	1. alle Geschlechter 2. alle Altersklassen 3. sportlich ambitioniert; leistungsorientiert 4. großes Einzugsgebiet

Um sich von der Konkurrenz abgrenzen zu können, hilft oft nur noch ein gutes Image, da die Angebote meist überall ähnlich sind. Aufgrund dessen wird als affektives Ziel die Steigerung des Interesses der Kunden formuliert. Durch gemeinsame Erlebnisse und Angebote prägt sich das Unternehmen immer mehr bei den Kunden ein und weckt positive Gefühle. Als kognitives Ziel strebt das Unternehmen an, seinen Bekanntheitsgrad zu erweitern. Das soll vor allem durch präsentes Auftreten bei verschiedenen Sportevents umgesetzt werden. Durch einen Messestand bei den Veranstaltungen und den aktuell besten Angeboten und Produkt des Unternehmens, entsteht vor Ort eine gute Kundenbindung.

Durch die hohe Zielgruppenaffinität lohnt sich das Sponsoring für das Unternehmen, sodass die folgenden konkreten Einzelmaßnahmen ergriffen werden (Bruhn 2010, S.53).

Bei der Messe, welche das Laufevent zusätzlich begleitet, stellen verschiedene Unternehmen aus der Sport- und Gesundheitsbranche ihre neusten Errungenschaften vor. Auch das oben beschriebene Unternehmen hat auf dieser Messe einen Stand. Hier werden insbesondere die Neuheiten und Bestseller vorgestellt, sowie fachmännische Informationen ausgetauscht. Falls Kunden oder Läufer eine spezielle Frage haben, ist hier fachspezifisches Personal vor Ort und kann auf jeden Kunden persönlich eingehen und so eine Kundenbindung aufbauen.

Zudem gibt es die Möglichkeit eine Laufanalyse durchführen zu lassen. Dabei wird der Richtige Schuh an den jeweiligen Fuß des Kunden angepasst und ausgemessen. Gezeigt kann das durch verschiedene Musterschuhe werden, die das Unternehmen an ihrem Messestand ausstellt. Ist der Kunde mit seiner Beratung zufrieden, kann er direkt den perfekt angepassten Schuh in Auftrag geben lassen.

Als weitere Sponsoring-Maßnahme stellt das Unternehmen die Starter-shirts. Diese sind mit dem Firmenlogo und dem Logo des Laufevents bedruckt. Die Läufer der ersten 500 Startnummern halten eines dieser T-Shirts, da sich diese Personen auch zuerst am Event angemeldet haben. Allein das Erhalten der T-Shirts soll eine emotionale Wirkung bei den Läufern bringen und sie somit auf das Unternehmen aufmerksam machen, soweit, dass sie am Messestand vorbeischauen und bei Interesse etwas kaufen. Da beim Sport positive Emotionen und Adrenalin ausgeschüttet wird und man somit das Laufevent als etwas Schönes und positives im Kopf bleibt, bleibt auch das Unternehmen dementsprechend in den Köpfen der Läufer, da sie auch automatisch das Firmenlogo vor Augen haben, welches auf den Starter-Shirts gedruckt ist. Ein solch großes Sportevent wird immer von Fotografen und Reportern verfolgt. Macht jemand Fotos von den verschiedenen Läufern und stellt sie öffentlich, wird bei einigen der Läufer das Firmenlogo zu sehen sein. Somit macht das Unternehmen auch noch nach dem Lauf immer wieder auf sich Aufmerksam.

Des Weiteren übernimmt das Unternehmen auch einen Großteil der Streckenverpflegung. Es werden Wasser und Isotonische Getränke in Bechern mit Firmenlogo ausgegeben. Zusätzlich haben die Läufer auch die Möglichkeit zu kleinen Snacks, wie Obst oder Müsliriegel, zugreifen.

Als letzte Sponsoring-Maßnahme werden am Schluss an die ersten drei Finisher Gutscheine verteilt. Die Gewinner können sie entweder direkt vor Ort, in einer der Filialen oder im Online-Shop einlösen. Die Gutscheine für die Sieger, sind im Wert von 200,-€,

100,-€ und 50,-€. Da diese ebenfalls im Siegerfoto mit sichtbar sind und auch im Nachgang als Gewinn der Sieger in Zeitungen zu sehen sein wird, wird auch durch diese Maßnahme noch im Nachgang auf das Unternehmen aufmerksam gemacht.

Damit der Erfolg der Sponsoring-Maßnahmen dargestellt werden kann, wird nach dem Event eine Erfolgskontrolle durchgeführt. Die ökologischen Ziele sind meist recht einfach zu erarbeiten. Hierbei werden die Umsätze aus dem Vorjahr, mit den Umsetzen nach dem Durchführen der Sponsoring-Maßnahmen, verglichen.

Allerdings ist dies nicht immer abgrenzbar, da es bei einigen Kunden nicht möglich ist, ob der Umsatz auf das Laufevent zurückzuführen ist, da oftmals einige Informationen fehlen. Auch die Reichweite der verschiedenen Medien wird überprüft und ausgewertet. Es wird geschaut, wie oft der Unternehmensname in den Werbungen benutzt wurde und wie oft im Internet oder Social Media danach gesucht wurde und zum Vorjahr verglichen.

Die psychologischen Ziele des Unternehmens lassen sich sehr deutlich darstellen. Da vor und nach dem Event eine Kundenbefragung durchgeführt wurde, hat man den direkten Vergleich. Auch durch den direkten Kundenkontakt vor Ort und deren Zufriedenheit lässt sich sagen, dass diese besser als zuvor ausgefallen ist.

5 Literaturverzeichnis

Bruhn, Manfred (2010): Sponsoring. *Systematische Planung und integrativer Einsatz.5,* überarbeitet und erweiterte Aufl. Wiesbaden: Gabler.

Deutscher Fußball-Bund e.V. (DFB). (2019). *Mitgliederstatistik* Zugriff am 29.04.2019.

DFL. (2019). *Fußball-Bundesliga-Teams mit den meisten Torschüssen in der Bundesliga- Saison 2018/2019. Statista.* Abgerufen am 15. Oktober 2019 von Statista GmbH:

Hartwig, H. (2004). *Sportmanagement: eine themenbezogene Einführung.* Oldenbourg Verlag.

Kicker. (2020). *Rekord: Eurpoas Fußballmarkt setzt 28,9 Milliarden Euro um.*

TSG 1899 Hoffenheim Fußball-Spielbetriebs GmbH. (2019). *Internetpräsenz.*

Transfermarkt. (Oktober 2019). *Anzahl der Mitglieder der Vereine der 1. Fußball- Bundesliga (Stand: Oktober 2019).*

Stuttgarter Zeitung Verlagsgesellschaft mbH. (Hrsg.). (2015). *King of Kraichgau.*

Rohlmann, P. (2011). Merchandising im Sport. In G. Nufer & A. Bühler (Hrsg.), *Marketing im Sport. Grundlagen, Trends und internationale Perspektiven des moder- nen Sportmarketing* (2., völlig neu bearbeitete und wesentlich erweiterte Aufl., S. 233–264). Berlin: Erich Schmidt.

6 Tabellenverzeichnis